Paramahansa Jogananda
(1893 – 1952)

DLACZEGO BÓG DOPUSZCZA ZŁO

I

JAK WZNIEŚĆ SIĘ PONAD NIE

Paramahansa Jogananda

O TEJ KSIĄŻCE: Wykłady zawarte w tym tomie początkowo publikowane były przez Self-Realization Fellowship w kwartalniku *Self-Realization*, założonym przez Paramahansę Joganandę w 1925 r. Pogadanki te były wygłaszane w świątyniach Self-Realization Fellowship, założonych przez Autora w Hollywood i San Diego w Kalifornii. Zapisała je stenograficznie Śri Daja Mata, jedna z pierwszych i najbliższych uczennic Paramahansy Joganandy.

Tytuł oryginału w języku angielskim wydanego przez
Self-Realization Fellowship, Los Angeles (Kalifornia):
Why God Permits Evil and How to Rise Above It

ISBN-13: 978-0-87612-461-1
ISBN-10: 0-87612-461-9

Przekład na polski: Self-Realization Fellowship
Copyright © 2014 Self-Realization Fellowship

Wszystkie prawa zastrzeżone. Z wyjątkiem krótkich cytatów w recenzjach, żadna część *Dlaczego Bóg dopuszcza zło i jak wznieść się ponad nie (Why God Permits Evil and How to Rise Above It)* nie może być powielana, przechowywana, przesyłana lub rozpowszechniana w jakiejkolwiek formie, ani za pomocą jakichkolwiek środków (elektronicznych, mechanicznych, lub innych) dostępnych obecnie lub w przyszłości – włącznie z systemem kopiowania, nagrywania, lub jakimkolwiek innym, który umożliwia przechowywanie i odtwarzanie informacji – bez uprzedniej pisemnej zgody Self-Realization Fellowship, 3880 San Rafael Avenue, Los Angeles, California 90065-3219, U.S.A.

Wydanie autoryzowane przez International Publications Council of *Self-Realization Fellowship*

Nazwa i emblemat *Self-Realization Fellowship* (widoczny powyżej) widnieją na wszystkich książkach, nagraniach oraz innych publikacjach wydanych przez SRF i upewniają czytelnika, że są to oryginalne prace organizacji założonej przez Paramahansę Joganandę i że wiernie przekazują jego nauki.

Pierwsze wydanie w języku polskim przez *Self-Realization Fellowship*, 2014
First edition in Polish from *Self-Realization Fellowship*, 2014

To wydanie 2014
This printing 2014

ISBN-13: 978-0-87612-587-8
ISBN-10: 0-87612-587-9

1756-J2893

Dobro i zło istniejące na ziemi muszą zawsze wzajemnie się dopełniać. Wszystko, co stworzone, musi mieć pozór niedoskonałości. Jak inaczej mógłby Bóg, Jedyna Doskonałość, rozdzielić Swą jedną świadomość na formy stworzeń różne od Siebie? Obrazy światła nie mogą istnieć bez kontrastujących z nimi cieni. Jeśli nie zostałoby stworzone zło, człowiek nie znałby jego przeciwieństwa, dobra. Noc podkreśla kontrastową jasność dnia; smutek uczy, jak atrakcyjna jest radość. Chociaż zło musi przyjść, biada temu, poprzez kogo przychodzi. Ten, kto zwabiony iluzją, odgrywa rolę złoczyńcy, musi doznać przykrej karmy losu złoczyńcy, natomiast bohater zostaje nagrodzony za swoje cnoty. Znając tę prawdę, musimy unikać zła; stając się dobrymi, ostatecznie osiągamy Królestwo Boże – wznosząc się zarówno ponad dobro, jak i zło.

Paramahansa Jogananda

SPIS TREŚCI

CZĘŚĆ I
Dlaczego zło jest częścią Bożego stworzenia 1

CZĘŚĆ II
Dlaczego Bóg stworzył świat 11

CZĘŚĆ III
Świat kosmicznej rozrywki 25

CZĘŚĆ IV
Odkrywanie bezwarunkowej miłości Bożej za tajemniczą zasłoną stworzenia 43

DLACZEGO BÓG DOPUSZCZA ZŁO

I

JAK WZNIEŚĆ SIĘ PONAD NIE

Część I

DLACZEGO ZŁO JEST CZĘŚCIĄ BOŻEGO STWORZENIA[1]

SKĄD POCHODZI ZŁO

Niektórzy mówią, że Bóg nie zna zła, ponieważ nie potrafią wytłumaczyć, dlaczego Bóg, który jest dobry, pozwala na rozboje, morderstwa, choroby, ubóstwo i inne straszne rzeczy stale wydarzające się na ziemi. Nieszczęścia te są z pewnością dla nas złem; czy są one jednak złem dla Boga? Jeśli tak, to dlaczego Bóg miałby zezwolić na takie zło? A jeśli zło nie pochodzi od Tego, który jest Najwyższym Stwórcą wszystkiego, to skąd się wzięło? Kto stworzył chciwość? Kto stworzył nienawiść? Kto stworzył zazdrość i złość? Kto stworzył szkodliwe bakterie? Kto stworzył pokusę seksualną

---

[1] Fragmenty pogadanki wygłoszonej 17 listopada 1946 r. Cała pogadanka znajduje się w *The Divine Romance* (Romans z Bogiem) w Paramahansa Jogananda, *Collected Talks and Essays* (Zbiór pogadanek i szkiców), tom II, wyd. Self-Realization Fellowship.

i chciwość? To nie są ludzkie wynalazki. Człowiek nie mógłby ich doświadczać, gdyby nie zostały najpierw stworzone.

Niektórzy usiłują tłumaczyć, że zło nie istnieje albo że to tylko czynnik psychologiczny. Ale tak nie jest. Na świecie są dowody istnienia zła. Nie sposób im zaprzeczyć. Gdyby nie było zła, po co Jezus modliłby się: „Panie, nie wódź nas na pokuszenie, ale nas zbaw od wszelkiego złego"?[1] Jezus mówi jasno, że zło naprawdę istnieje.

Zatem prawdą jest, że znajdujemy zło w świecie. Skąd ono pochodzi? Od Boga.[2] Zło stanowi kontrast, który umożliwia nam rozpoznawanie i doświadczanie dobra. Zło musiało zaistnieć, jeśli miało zaistnieć jakiekolwiek stworzenie. Gdyby napisać wiadomość białą kredą na białej tablicy, nikt by jej nie zobaczył. Tak więc, gdyby nie czarna tablica zła, nie można byłoby w ogóle dostrzec dobra na świecie. Na przykład Judasz był najlepszym agentem reklamowym Jezusa. Swym złym czynem

---

[1] Mt 6:13. Wszystkie cytaty z Pisma Świętego pochodzą z: „Biblia, to jest Pismo Święte Starego i Nowego Testamentu, Nowy przekład", Brytyjskie i Zagraniczne Towarzystwo Biblijne, Warszawa 1983.

[2] „Ja jestem Pan, i nie ma innego. Ja tworzę światło i stwarzam ciemność, Ja przygotowuję zarówno zbawienie, jak i nieszczęście. Ja, Pan, czynię to wszystko" (Iz 45: 6-7).

uczynił Chrystusa sławnym na wieki. Jezus wiedział o roli, jaką musi odegrać, i o wszystkim, co miało Mu się przydarzyć, aby mógł zademonstrować miłość i wielkość Boga; a do odegrania tej roli potrzebny był czarny charakter. Lecz dla Judasza nie było dobre, że wybrał bycie osobą, której zły czyn, na zasadzie kontrastu, uwypuklił chwałę zwycięstwa Chrystusa nad złem.

GDZIE LEŻY LINIA GRANICZNA MIĘDZY DOBREM I ZŁEM?

Trudno jest rozpoznać, gdzie leży linia graniczna między dobrem i złem. Z pewnością to straszne, że bakterie zabijają dwa miliardy ludzi w każdym stuleciu. Pomyśl jednak, jaki chaos wywołałoby przeludnienie, gdyby nie było śmierci! I gdyby wszystko tutaj było dobre i doskonałe, nikt nie opuszczałby tej ziemi z własnej woli; nikt nie chciałby powrócić do Boga. Tak więc, w pewnym sensie niedola jest twoim najlepszym przyjacielem, bo skłania cię do szukania Boga. Kiedy zaczniesz jasno dostrzegać niedoskonałość świata, rozpoczniesz poszukiwanie doskonałości Boga. Prawda jest taka, że Bóg używa zła nie po to, aby nas zniszczyć, lecz po to, aby nas rozczarować swymi zabawkami, błahostkami świata, po to, abyśmy mogli Go poszukiwać.

Dlatego sam Pan pozwala na niesprawiedliwość i zło. Ale ja Mu powiedziałem: „Panie, nigdy nie cierpiałeś. Zawsze byłeś i jesteś doskonały. Skąd wiesz, czym jest cierpienie? A jednak każesz nam przechodzić te próby. Nie masz prawa tego robić. Nie prosiliśmy o to, by się rodzić jako śmiertelnicy i cierpieć". (Nie ma On nic przeciwko temu, że się z Nim spieram. Jest bardzo cierpliwy). Pan odpowiada: „Nie musisz dalej cierpieć. Dałem wszystkim wolną wolę wyboru dobra zamiast zła a przez to powrotu do Mnie".

Zatem zło jest próbą, na jaką wystawia nas Bóg, w celu sprawdzenia, czy wybierzemy Jego samego, czy Jego dary. Pan stworzył nas na Swoje podobieństwo i dał nam moc uwolnienia się. Ale nie korzystamy z tej mocy.

KOSMICZNY FILM

Jest jeszcze inna strona dualizmu lub dobra i zła, którą pragnę wam wyjaśnić. Gdyby producent filmowy zrobił film tylko o aniołach i pokazywał ten film w kinach codziennie rano, w południe

Dlaczego zło jest częścią Bożego stworzenia

i wieczorem, to szybko musiałby zamknąć swój interes. Musi on stworzyć różnorodność, aby przyciągnąć uwagę widzów. Czarny charakter sprawia, że ten pozytywny wydaje się o wiele lepszy! Lubimy także fabułę pełną akcji. Nie mamy nic przeciwko oglądaniu ekscytujących filmów pełnych niebezpieczeństw i katastrof, bo wiemy, że to tylko kino. Pamiętam, jak pewnego razu zabrano mnie na film, w którym bohater zmarł. Była to wielka tragedia! Tak więc zostałem i oglądałem następny seans, aż zobaczyłem bohatera znowu żywego. Wtedy wyszedłem z kina.

Gdybyście mogli zobaczyć, co się dzieje za sceną tego życia, w ogóle byście nie cierpieli. To kosmiczny seans filmowy. Ten film, który Bóg wyświetla na ekranie tej ziemi, nie ma dla mnie wartości. Patrzę na snop Boskiego światła, który rzuca sceny na ekran życia. Widzę obrazy z całego wszechświata przenoszone przez ten snop.

Innym razem siedziałem w kinie, oglądając emocjonujący dramat na ekranie. A potem zajrzałem do kabiny projekcyjnej. Zobaczyłem, że operator nie interesuje się filmem, bo już go widział wiele razy. Zamiast patrzeć, czytał książkę. Aparat projekcyjny sam działał: był dźwięk, a snop światła rzucał realistyczne obrazy na ekran. I była publiczność, pochłonięta przeżywaniem dramatu. Pomyślałem: „Panie, jesteś jak ten człowiek siedzący tu w kabinie, trwasz zatopiony w Swojej naturze szczęśliwości, miłości i mądrości. Twój projektor prawa kosmicznego rzuca na ekran świata sceny zazdrości, miłości, nienawiści, mądrości, Ty jednak pozostajesz niezaangażowany w Swoje filmowe widowiska". Wiek po wieku, cywilizacja po cywilizacji, pokazywane są w kółko te same znane filmy, tyle że grają w nich inne postacie. Myślę, że Bóg jest tym wszystkim trochę znudzony. Jest On tym zmęczony. To cud, że po prostu nie wyciągnie wtyczki i nie zatrzyma widowiska!

Kiedy oderwałem wzrok od snopa światła, który rzucał sceny akcji na ekran, spojrzałem na publiczność na widowni i ujrzałem, że przeżywa ona wszystkie emocje aktorów w filmie. Cierpieli wraz z jego bohaterem i reagowali na zło czarnego charakteru. Dla publiczności było to tragiczne przeżycie. Dla operatora w kabinie projekcyjnej był to tylko film. I tak samo jest z Bogiem. Stworzył On obrazy światła i cieni, bohatera i złoczyńcę, dobro i zło, a my jesteśmy publicznością i aktorami. Mamy kłopoty tylko dlatego, że zbyt mocno identyfikujemy się z grą.

Bez cieni oraz światła nie byłoby filmu. Zło jest cieniem, który zmienia snop jednolitego Bożego światła w obrazy czy kształty. Dlatego zło jest Bożym cieniem, który umożliwia to widowisko. Ciemne cienie zła przeplatają się z czystymi białymi promieniami cnót Bożych. Bóg pragnie, abyśmy nie brali tych obrazów filmowych zbyt poważnie. Reżyser filmu wykorzystuje morderstwa i cierpienie, komedię i tragedię jako środki do wywołania zainteresowania u widzów. Stoi z boku, reżyseruje i obserwuje grę. Bóg chce, abyśmy pozostali niezaangażowani, rozumiejąc, że jesteśmy tylko aktorami lub obserwatorami w Jego kosmicznym widowisku.

Chociaż Bóg ma wszystko, możemy powiedzieć, że jednak żywi pewne pragnienie: pragnie On się przekonać, kogo nie przerazi ten film, kto dobrze odegra swoją rolę i powróci do Niego. Nie można uciec z tego świata, ale jeśli będziemy grać w filmie z myślą skupioną na Bogu, będziemy wolni.

DLA TEGO, KTO URZECZYWISTNIŁ BOGA, NIE ISTNIEJE ZŁO

Drogi do najwyższego szczęścia nie znajdą naukowcy ani materialiści, lecz ci, którzy podążają za mistrzami mówiącymi: „Wróć do kabiny Nieskończoności, z której możesz oglądać projekcję wszystkich kosmicznych filmów. Wtedy nie będziesz się martwił Bożym stworzeniem, widowiskiem Boga".

Moją jedyną troską jest pomagać ludziom. Dopóki oddech będzie płynął w moich płucach, dopóty będę się starał pomagać innym i będę im powtarzał, aby się wyrwali z tego filmu ułudy. Cierpisz, ponieważ teraz w nim uczestniczysz. Musisz stanąć z boku i oglądać go, a wtedy nie będziesz cierpiał. Gdy jest się obserwatorem, można cieszyć się widowiskiem. Tego właśnie musisz się nauczyć. Dla Boga to tylko film i kiedy zwrócisz się do Niego, również dla ciebie będzie to jedynie seans filmowy.

Opowiem ci historyjkę. Pewien król zasnął i śniło mu się, że jest biedny. We śnie wołał o choćby grosz na jedzenie. W końcu królowa go obudziła i spytała: „Co się z tobą dzieje? Twój skarbiec pełen jest złota, a ty błagasz o grosz". „Och, głupiec ze mnie! Myślałem, że jestem żebrakiem i głoduję z powodu braku tego grosza" – odparł król.

To jest złudzenie każdej duszy, która myśli, że jest śmiertelnikiem, podległym koszmarnemu złu wszelkiego rodzaju chorób, cierpienia, zmartwień, bolesnych przeżyć. Jedyną drogą ucieczki z tego koszmaru jest mocniej przywiązać się do Boga, a mniej lgnąć do sennych wizji tego świata. Cierpisz dlatego, że zwracasz uwagę na niewłaściwe rzeczy. Jeśli oddasz swoje serce człowiekowi, oddasz się pijaństwu, chciwości lub narkotykom, będziesz cierpiał. Złamie ci to serce. Musisz oddać serce Bogu. Im usilniej będziesz szukał pokoju w Nim, tym więcej pokój ten pochłonie twoich zmartwień i cierpień.

Cierpisz, bo pozwoliłeś sobie stać się bardzo podatnym na zło tego świata. Musisz się nauczyć być wytrzymałym duchowo, silnym duchowo. Rób wszystko, co musisz robić i ciesz się tym, co robisz, jednak w duchu powtarzaj: „Panie, jestem twoim dzieckiem, stworzonym na Twoje podobieństwo. Nie chcę niczego oprócz Ciebie". Uczeń, który trzyma się tej zasady i który osiąga takie zrozumienie, odkryje, że dla niego nie ma zła na tym świecie.

„W planie Boga nie istnieje okrucieństwo, bo w Jego oczach nie ma dobra ani zła – są tylko obrazy światła i cieni. Pan zamierzył, abyśmy oglądali dualistyczne sceny życia tak, jak czyni to On sam – wiecznie radosny Świadek zadziwiającego kosmicznego dramatu.

Dlaczego Bóg dopuszcza zło i jak wznieść się ponad nie

„*Człowiek fałszywie utożsamił się z pseudo-duszą, czyli z ego. Kiedy przenosi poczucie własnej tożsamości do swego prawdziwego jestestwa, nieśmiertelnej duszy, odkrywa, że wszelki ból jest nierzeczywisty. Nie może już nawet wyobrazić sobie stanu cierpienia*".

Paramahansa Jogananda,
w *Sayings of Paramahansa Yogananda*
(Mądrości Paramahansy Jogenandy)

Część II

DLACZEGO BÓG STWORZYŁ ŚWIAT[1]

Czytając bardzo ciekawą powieść, widzisz jak przeciwstawiają się sobie dobro i zło, i myślisz, że to okropne, kiedy zło zwycięża. Na przykład w jednym rozdziale bohater ma zaraz zostać zabity, ale w następnym wszystko się wyjaśnia i zostaje uratowany. Musisz zrozumieć, że każdy żywot jest po mistrzowsku napisaną przez Boga powieścią. Zgłębienie jej przerasta cię; zostaniesz pokonany z powodu ograniczeń twojej omamionej *mają* inteligencji. Najpierw przezwycięż ułudę i stań się jednym z Bogiem. Wtedy poznasz, dlaczego Bóg stworzył ten świat[2].

---

[1] Fragmenty pogadanki wygłoszonej 16 grudnia 1945 r. Cała pogadanka znajduje się w *Journey to Self-Realization* w: Paramahansa Jogananda, *Collected Talks and Essays* (Zbiór pogadanek i szkiców), tom III, wyd. Self-Realization Fellowship.

[2] *Maja* to moc ułudy tkwiąca w naturze stworzenia, z powodu której Jeden wydaje się liczny. *Maja* jest zasadą względności, inwersji, kontrastu, dualizmu, stanów opozycyjnych; „Szatanem" (dosł. w jęz.

Mamy jednak prawo pytać Go, dlaczego. A jest bardzo wiele powodów. Przede wszystkim, to niemożliwe, by ta ziemia była dla Niego czymś niezbędnym, ponieważ w takim razie Bóg byłby niedoskonały; miałby coś do zyskania z niej. A przecież mamy świadectwo świętych, że jest On doskonały. Ja również daję o tym świadectwo z własnego doświadczenia, bo z Nim obcuję.

ŚWIAT JEST BOŻYM HOBBY

Jako że Bóg jest doskonały, a świat ten nie jest Mu potrzebny do ewolucji, stanowi on więc dla Niego coś w rodzaju hobby. Na przykład, są dwa rodzaje artystów: jeden typ to artysta komercyjny, który tworzy sztukę dla pieniędzy, a drugi to taki, który tworzy sztukę cudną jak pajęcze koronki, pozbawioną wartości rynkowej, tylko dla własnej

---

hebrajskim, «przeciwnikiem») dla proroków Starego Testamentu. Paramahansa Jogananda napisał: „Sanskryckie słowo *maya* znaczy «mierniczy»; jest to magiczna moc zawarta w stworzeniu, dzięki której w Niemierzalnym i Nierozdzielnym pozornie istnieją ograniczenia i podziały... W planie i zabawie (*lila*) Boga jedyną funkcją Szatana, czyli *maji* jest próba odciągnięcia człowieka od Ducha do materii, od Rzeczywistości do nierzeczywistości... *Maja* tworzy zasłonę przemijalności w Przyrodzie, jest bezustannym stawaniem się stworzenia; zasłoną, którą każdy człowiek musi unieść, aby za nią dostrzec Stwórcę, stałą, niezmienną, wieczną Rzeczywistość".

Dlaczego Bóg stworzył świat

przyjemności. Otóż nie możemy myśleć o Bogu, że jest artystą komercyjnym, bo nie ma nic do zyskania ze Swego dzieła stworzenia. Podobnie, ludzie bogaci mają niekiedy wyjątkowe, drogie hobby, bo ich na to stać. Poznałem takiego bogacza w Cincinnati. Jego hobby to była wielka farma. Kiedy tam u niego gościłem, spytałem go: „Ta farma nie zarabia na siebie, prawda?". „No nie. To jajko, które jem, kosztowało mnie dziewięćdziesiąt centów. Mógłbym kupić takie na bazarze za grosze" – odpowiedział.

Zatem ten świat jest Bożym hobby. Ale to żadna zabawa dla tych, którzy w nim cierpią. Często mówię do Pana: „Jeśli już chciałeś mieć [takie] hobby, to dlaczego stworzyłeś ból, raka i straszliwe emocje jako część tego świata?". Oczywiście, nie jestem na świecie po to, by dyktować Panu, wiem o tym. Ale pokornie się z Nim spieram.

Pan śmieje się ze mnie i mówi: „W ostatnim rozdziale wszyscy poznają odpowiedź na te pytania".

No cóż, ja znam odpowiedź, ale spieram się w imieniu tych, którzy jej nie znają: „Dla Ciebie, Panie, to może być zabawa, ale dla tych, którzy nie wiedzą, że to tylko zabawa, jest to udręka i śmierć. Dwoje ludzi bierze ślub i myślą, że znaleźli doskonałą miłość, a potem jedno z małżonków umiera – jakaż to tragedia! Albo ktoś, kto zrobił wielkie pieniądze, myśli, że jest szczęśliwy, a potem, dowiadując się o krachu na giełdzie, w rozpaczy wyskakuje z okna – to straszne! A w pułapkach zmysłów, takich jak seks, wino i pieniądze, pokusa jest nie tylko zewnętrzna, ale i wewnętrzna. Jak człowiek ma sobie to wszystko wytłumaczyć? I dlaczego istnieją gangsterzy, chorzy umysłowo i wszystkie inne okropności, Panie? Po co istnieją zarazki zabijające co roku tak wielu ludzi? Gdyby ułożono w stos kości wszystkich, którzy pomarli od chorób, byłby on wysokości Himalajów! A jednak dla Ciebie jest to hobby, Boże. Czym jednak jest to dla tych, którzy są ofiarami Twojego hobby?".

A Pan odpowiada: „Uczyniłem wszystkich ludzi na Moje podobieństwo. Jeśli wiesz, że jesteś częścią Mnie, możesz żyć na tym świecie i cieszyć się nim tak jak Ja".

To jest ostateczna odpowiedź. Nie widzimy świata tak, jak widzi go Bóg.

PATRZENIE OTWARTYMI OCZYMA MĄDROŚCI I SPOKOJU

Podam wam przykład obrazujący, jak to się stało, że sprawy źle się potoczyły w stworzeniu. Gdybym w tej chwili, w tym pokoju zamknął oczy i zaczął tańczyć jak szalony, zapominając o wszystkim wokół i o ograniczeniach własnej ślepoty, krzyczelibyście do mnie: „Uważaj! Przewrócisz się albo o coś uderzysz!". Ja jednak się upieram: „Nie, nic mi się nie stanie". Po czym potykam się, upadam i łamię nogę; wtedy płaczę i pytam: „Dlaczego mi się to przydarzyło?". Odpowiadacie: „Dlaczego zamknąłeś oczy i tańczyłeś, nie patrząc?". Odpowiadam: „O mój Boże, dlaczego tańczyłem z zamkniętymi oczyma?".

Nie potrafisz przestać myśleć, że ten świat jest straszny, bo masz zamknięte oczy. Ale jeśli będziesz patrzył otwartymi oczyma mądrości i spokoju – tak jakbyś oglądał film – przekonasz się, że ten świat jest bardzo przyjemny...

MAMY WOLNY WYBÓR, CZY UWIKŁAĆ SIĘ W DRAMAT, CZY TEŻ WZNIEŚĆ SIĘ PONAD

Można powiedzieć, że Bóg stworzył tę ziemię nie tylko jako Swoje hobby, ale również dlatego, że chciał stworzyć doskonałe dusze, które wyewoluowałyby i powróciły do Niego. Wysłał je na ziemię pod okryciem ułudy – *maji* – lecz obdarzył je wolnością. Jest to największy dar Boga. Nie odmówił

Dlaczego Bóg dopuszcza zło i jak wznieść się ponad nie

On człowiekowi wolnego wyboru, który ma On sam. Dał mu wolność bycia dobrym lub złym, postępowania dokładnie tak jak zechce – nawet wyparcia się Boga. Istnieje i dobro, i zło, ale nikt cię nie zmusi do bycia złym, jeśli sam nie wybierzesz czynienia zła; i nikt nie może cię zmusić do bycia dobrym, jeśli sam nie chcesz być dobrym. Bóg stworzył nas ze zdolnością używania Jego darów: inteligencji i wolnego wyboru, dzięki czemu możemy wybrać powrót do Niego. Bóg na pewno zamierza zabrać nas z powrotem do Siebie, kiedy będziemy gotowi wrócić. Jesteśmy jak biblijny syn marnotrawny i Bóg stale wzywa nas do powrotu do Domu.

Ideałem życia każdego człowieka powinno być bycie dobrym, szczęśliwym i odnalezienie Boga. Nigdy nie będziecie szczęśliwi, dopóki rzeczywiście nie odnajdziecie Boga. Dlatego Jezus powiedział: „Szukajcie najpierw królestwa Bożego"[1]. Celem naszego istnienia jest: dążenie do stania się dobrymi, stania się doskonałymi; oraz używanie naszej wolnej woli do wyboru dobra, a nie zła. Bóg dał nam całą moc, jakiej do tego potrzebujemy. Umysł jest jak gumka elastyczna. Im mocniej ciągniesz, tym

---

[1] Mt 6, 33

bardziej się rozciąga. Umysł nigdy nie straci swej elastyczności. Za każdym razem, gdy czujesz się ograniczony, zamykaj oczy i mów do siebie: „Jestem Nieskończonością", a przekonasz się, jaką masz moc.

Żadna radość zmysłowa, żadna radość posiadania nie może się równać z radością Boga. Chociaż miał On wszystko przez wszystkie wieczności, zaczął się zastanawiać: „Jestem wszechmocny, jestem samą Radością, ale nie ma nikogo innego, kto mógłby się Mną cieszyć". I pomyślał, rozpoczynając dzieło stworzenia: „Uczynię dusze na Moje podobieństwo i ubiorę je w ludzkie ciała, i dam im wolną wolę, aby się przekonać, czy będą zabiegać o Moje dary materialne i ulegać pokusom pieniądza, wina i seksu; czy też szukać będą radości Mojej świadomości, miliony razy bardziej upajającej". Największą satysfakcję sprawia mi to, że Bóg jest bardzo sprawiedliwy i uczciwy. Dał ludziom wolność wyboru, czy przyjąć Jego miłość i żyć w Jego radości, czy też ją odrzucić i żyć w ułudzie, w niewiedzy o Nim.

Chociaż wszystko, co stworzone, należy do Pana, jest jedna rzecz, której Bóg nie ma – naszej miłości. Stwarzając nas, wyznaczył sobie w rzeczywistości coś do zdobycia – naszą miłość. Możemy Mu tej miłości odmówić albo Mu ją dać. A On będzie czekał w nieskończoność, aż będziemy gotowi ofiarować Mu miłość. Gdy to czynimy, a syn marnotrawny powraca do domu, utuczony cielec nabytej wiedzy zostaje zabity i zapanowuje wielka radość. Gdy dusza powraca do Boga, rzeczywiście radują się wszyscy święci w niebie. Takie jest znaczenie przypowieści o synu marnotrawnym, opowiedzianej przez Jezusa.

OBSERWUJ SIEBIE Z BALKONU INTROSPEKCJI

Życie ma o wiele głębsze znaczenie, niż myślisz. Skoro wszystkie rzeczy ziemskie wydają się tak bardzo rzeczywiste, to o ileż bardziej musi być taką Rzeczywistość, która stwarza tę nierzeczywistą rzeczywistość! Jednak ta nierzeczywista rzeczywistość sprawia, że zapominasz o Rzeczywistości. Bóg chce, abyś pamiętał, że nie miałbyś nic przeciwko temu światu, gdyby był jak film. Nawet gdyby połamały się twoje kruche kości, powiedziałbyś: „No cóż, spójrz na te połamane kości" i nie czułbyś niepokoju ani cierpienia. Możesz tak powiedzieć, jeśli jesteś utwierdzony w Boskiej Świadomości. Oglądając swoją grę w filmie życia z balkonu introspekcji, będziesz się serdecznie śmiał ze swoich nawyków i charakterystycznych cech. Ja się z nich śmieję

Dlaczego Bóg stworzył świat

cały czas. Kiedy wiesz, że ten świat jest Boską *lilą* – zabawą Boga – nie martwią cię kontrasty w tej teatralnej sztuce dobra i zła.

We śnie możesz oglądać ludzi bogatych, biedaków, jednych w pełni sił, a jeszcze innych, gdy jęczą w chorobie, gdy umierają albo się rodzą. Ale kiedy się obudzisz, uświadamiasz sobie, że to był tylko sen. Ten świat jest snem Boga. A kiedy Go pytam: „Dlaczego, [Panie], nie śnisz tylko pięknych snów? Dlaczego Twoje przedstawienie musi być naszpikowane koszmarami?", odpowiada On: „Musisz umieć cieszyć się kosmicznym dramatem, zarówno koszmarne, jak i piękne doświadczenia brać za to, czym są – snami, tylko snami. Jeśli będziesz śnił tylko piękne sny, zatoniesz w tym pięknie i nigdy nie zechcesz się obudzić". Taka jest odpowiedź. Zatem, nie wolno ci się bać, gdy pojawiają się koszmary. Zamiast tego powinieneś powiedzieć: „Panie, to tylko sen, który przeminie. Nie jest rzeczywisty". A kiedy uśmiechasz się, zdrowy i szczęśliwy, mów: „Panie, to piękny sen, czyń jednak, co zechcesz, ze snami mego życia". Gdy nie wzruszają cię ani koszmary chorób, cierpień i zmartwień, ani nie pochłaniają cię piękne sny, wtedy Bóg mówi: „Obudź się już! Wracaj do Domu".

ODRÓŻNIAJ NIERZECZYWISTE OD RZECZYWISTEGO

Jako mały chłopiec często śniłem, że goni mnie tygrys. Krzyczałem we śnie, że tygrys złapał mnie za nogę. Przychodziła matka, budziła mnie ze snu i mówiła: „Widzisz, nie dzieje się nic złego. Nie ma tygrysa. Noga jest cała". Dzięki temu snu z dzieciństwa doznałem pierwszego cudownego doświadczenia, które dał mi Bóg. Kiedy śnił mi się ten sen po raz ostatni, powiedziałem do siebie: „To stara sztuczka. Nie ma tygrysa łapiącego mnie za nogę". I szybko wyskoczyłem ze snu. Ten sen nigdy już nie powrócił. Od tej pory pilnowałem się, nawet w snach, aby oddzielać nierzeczywiste od Rzeczywistego.

Święci to ludzie, którzy są w połowie obudzeni, a w połowie śnią: z jednej strony są obudzeni w Bogu, a z drugiej pogrążeni w swoim inkarnacyjnym śnie. Mogą jednak szybko wydostać się z tego snu. Gdy moje ciało odczuwa jakąś przykrość albo ból, skupiam wzrok i umysł na *kutasthcie*, czyli ośrodku świadomości Chrystusowej między brwiami, i przestaję odczuwać ból, a po chwili nie widzę już nawet ani nie czuję ciała[1].

---
[1] „Świadomość Chrystusowa" to świadomość Boga rzutowana przez Niego na całe stworzenie i w nim immanentna. W chrześcijańskim Piśmie Świętym zwana jest „jednorodzonym Synem", „jedynym czystym

Dlaczego Bóg stworzył świat

Pamiętajcie zatem, Bóg śni ten świat. I jeśli będziemy z Nim w harmonii, to będziemy wiedli życie upojeni Bogiem i nic nie będzie nam przeszkadzać. Będziemy oglądać ten kosmiczny film tak jak oglądamy filmy w kinie, nie odczuwając cierpienia. Bóg stworzył nas, abyśmy mogli śnić tak jak On, ciesząc się snem i wszystkimi jego kontrastującymi doświadczeniami jak przedstawieniem, w które nie musimy się angażować, zatopieni w Jego wiecznej radości.

„Czy nie wiecie, że świątynią Bożą jesteście i że Duch Boży mieszka w was?"[1] Jeśli dzięki medytacji potraficie rozjaśnić i rozszerzyć swoje umysły i przyjąć Boga w waszą świadomość, to wy również uwolnicie się z iluzji choroby, ograniczeń i śmierci".

- Paramahansa Jogananda, fragment *The Divine Romance* (Romansu z Bogiem)

---

odbiciem Boga Ojca w stworzeniu". W pismach hinduskich nazywają ją *Kutastha Ćajtanja* lub *Tat*, kosmiczną inteligencją Ducha wszechobecną w stworzeniu. To świadomość kosmiczna, jedność z Bogiem, przejawiona w Jezusie, Kryszne i innych awatarach. Wielcy święci i jogini znają ją jako stan medytacyjny *samadhi*, w którym ich świadomość utożsamia się z inteligencją obecną w każdej cząstce stworzenia; odczuwają wtedy cały wszechświat jako swoje ciało.

[1] 1 Kor 3:16

Wysłuchana Modlitwa ...

Pewnego dnia wszedłem do kina, aby obejrzeć kronikę z pól bitewnych w Europie. Na Zachodzie nadal trwała pierwsza wojna światowa. Zdjęcia przedstawiały masakrę z takim realizmem, że wyszedłem z sercem pełnym smutku.

- Panie – modliłem się – dlaczego zezwalasz na takie cierpienie?

Ku memu wielkiemu zdumieniu natychmiast nadeszła odpowiedź. Pojawiła się wizja z pól walki. Koszmar bitwy, w której pełno było zabitych i konających, o wiele przewyższał okrucieństwem wszystko, co widziałem w kronice.

- Przypatrz się uważnie! – mówił łagodny Głos w mojej świadomości. – Przekonasz się, że sceny, które się teraz rozgrywają we Francji, są tylko grą świateł i cieni. To kosmiczny film, równie rzeczywisty i nierzeczywisty jak kronika, którą właśnie oglądałeś – przedstawienie w przedstawieniu.

Moje serce nadal było niepocieszone. Boski Głos mówił dalej:

- Świat jest zarówno światłem, jak i cieniem, inaczej żaden obraz nie byłby możliwy. Dobro

Dlaczego Bóg stworzył świat

i zło *maji* stale muszą na zmianę dominować. Gdyby na tym świecie panowała nieustanna radość, czyż człowiek w ogóle pragnąłby czego innego? Gdyby nie cierpienie, nie byłby zbyt skłonny pamiętać o tym, że opuścił swój wieczysty dom. Ból sprawia, że sobie o tym przypomina. Drogą ucieczki od cierpienia jest mądrość. Tragedia śmierci jest nierzeczywista. Ci, których przyprawia o dreszcz zgrozy, przypominają niemądrego aktora, który słysząc huk wystrzału, umiera na scenie z przerażenia, choć się do niego strzela ślepymi nabojami. Synowie Moi są dziećmi światła. Nie będą śnić wiecznie, pogrążeni w ułudzie.

Chociaż z lektury pism świętych znałem objaśnienia *maji*, nie dały mi one tak głębokiego wglądu jak osobiste wizje i towarzyszące im słowa pocieszenia. System wartości człowieka ulega głębokiej zmianie, gdy przekonuje się on ostatecznie, że stworzony świat jest tylko ogromnym filmem i że to nie w nim, lecz poza nim leży jego prawdziwa rzeczywistość.

Paramahansa Jogananda,
fragment *Autobiografii jogina*

Dlaczego Bóg dopuszcza zło i jak wznieść się ponad nie

„Joga jest tą nauką, dzięki której dusza obejmuje panowanie nad narzędziami ciała i umysłu, i używa ich do osiągnięcia Samourzeczywistnienia – ponownie przebudzonej świadomości swej transcendentnej, nieśmiertelnej natury, jednej z Duchem. Dusza, jako zindywidualizowana jaźń, zstąpiła z Powszechnego Ducha i utożsamiła się z ograniczonym ciałem i jego świadomością zmysłową ...

Kiedy przeniesiesz ośrodek świadomości, postrzegania i odczuwania z ciała i umysłu do duszy – twojej prawdziwej, nieśmiertelnej, transcendentnej Jaźni – tak jak jogin będziesz panował nad życiem i zwyciężysz śmierć".

- Paramahansa Jogananda

Część III

ŚWIAT KOSMICZNEJ ROZRYWKI[1]

ŚWIAT JEST BOŻĄ IGRASZKĄ

Riszi starożytnych Indii, przeniknąwszy do Pierwotnej Przyczyny Istnienia, oświadczają, że Bóg jest doskonały, że nie potrzebuje On niczego, bo w Nim wszystko jest zawarte; oraz że ten świat jest *lilą*, czyli boską zabawą. Wydaje się, że Pan jest jak małe dziecko, uwielbia się bawić, a Jego *lilą* jest nieskończona różnorodność ciągle zmieniającego się stworzenia.

Rozumowałem w ten sposób: Bóg był nieskończoną wszechwiedzącą Szczęśliwością, ale jako że był On sam, nie było nikogo poza Nim, kto mógłby się cieszyć tą Szczęśliwością. Więc Bóg rzekł: „Stworzę świat i podzielę Się na wiele dusz, aby

---

[1] Fragmenty pogadanki wygłoszonej 9 grudnia 1945 r. Cała pogadanka znajduje się w *Journey to Self-Realization* („Podróż do Samourzeczywistnienia") w: Paramahansa Jogananda, *Collected Talks and Essays* (Zbiór pogadanek i szkiców), tom III, wyd. Self-Realization Fellowship.

mogły one grać ze Mną w Mojej [rozgrywającej się] sztuce". Dzięki Swojej magicznej mocy *maji* stał się On dwoisty: stał się Duchem i Przyrodą, mężczyzną i kobietą, plusem i minusem[1]. Ale chociaż Bóg stworzył ten świat z ułudy, On Sam nie jest nią omamiony. Wie On, że wszystko jest tylko zróżnicowaniem Jego jednej Kosmicznej Świadomości. Doświadczenia zmysłów i emocji, dramaty wojny i pokoju, choroby i zdrowia, życia i śmierci – wszystko to dzieje się w Bogu jako Stwórcy śniącym wszystkie rzeczy, On jednak pozostaje nimi nietknięty. Jedna część Jego Nieskończonej Istoty zawsze pozostaje transcendentna, poza wibracyjnymi dwoistościami: tam Bóg pozostaje bezczynny. Kiedy rozwibrowuje On swoją świadomość różnorodnością myśli, staje się immanentny i wszechobecny jako Stwórca w skończonej wibracyjnej sferze nieskończoności: tu jest On aktywny. Wibracja stwarza przedmioty i istoty, które wzajemnie na siebie oddziaływują w przestrzeni i w czasie – tak samo jak wibracje ludzkiej świadomości stwarzają marzenia senne w stanie snu.

---

[1] Patrz przypis o *maji*, s. 11.

Świat kosmicznej rozrywki

JEŚLI ZJEDNOCZYMY SIĘ Z BOGIEM, NIE BĘDZIEMY JUŻ WIĘCEJ CIERPIEĆ

Bóg stworzył ten uczyniony ze snu świat dla Swojej i naszej zabawy. Jedyne zastrzeżenie, jakie mam wobec Boskiej *lili*, jest takie: „Panie, dlaczego pozwalasz, by w tej zabawie istniało cierpienie?" Ból jest bardzo nieprzyjemny i dokuczliwy. Życie nie jest już wtedy rozrywką, lecz tragedią. Tu właśnie zaczyna się rola wstawiennictwa świętych. Święci przypominają nam, że Bóg jest wszechmocny i że jeśli się z Nim zjednoczymy, nie będziemy już więcej cierpieć w [tym] Jego teatrze. To my sami zadajemy sobie ból, kiedy przekraczamy boskie prawa, na których opiera On cały wszechświat. Naszym zbawieniem jest zjednoczenie się z Nim. Dopóki nie zestroimy się z Bogiem i nie poznamy, że ten świat jest tylko kosmiczną zabawą, musimy cierpieć. Cierpienie wydaje się być konieczną dyscypliną, która przypomina nam, abyśmy szukali jedności z Bogiem. Wtedy tak jak On, będziemy się cieszyć tą fantastyczną zabawą.

Cudownie jest głęboko rozmyślać nad tymi sprawami. Ja cały czas zagłębiam się w te sfery. Nawet gdy do was mówię, oglądam owe prawdy. Byłoby rzeczą naprawdę straszną, gdyby Wszechmocny wrzucił nas w tę ułudną ziemską egzystencję, nie dając nam możliwości ucieczki ani zdolności poznania tego, co On zna. Tak jednak nie jest. Jest wyjście. Co noc w głębokim śnie stajecie się nieświadomi tego świata, zapominacie o nim; już dla was nie istnieje. I za każdym razem, gdy głęboko medytujecie, stajecie się świadomie transcendentni: świat dla was nie istnieje. Dlatego święci mówią, że zjednoczenie się z Bogiem to jedyna droga do zrozumienia, że ten świat nie jest czymś, do czego powinniśmy przywiązywać wielkie znaczenie...

GDYBYŚCIE ZNALI SWĄ NIEŚMIERTELNĄ NATURĘ, NIE MIELIBYŚCIE NIC PRZECIWKO TEMU PRZEDSTAWIENIU

Można powiedzieć, że Bóg nie powinien był w ogóle stwarzać świata, w którym jest tak wiele cierpienia. Ale z drugiej strony, święci mówią, iż gdybyście wiedzieli, że jesteście bogami[1], to nie mielibyście nic przeciwko temu światu. Kiedy oglądacie

---

[1] „Czyż w zakonie waszym nie jest napisane: Ja rzekłem: bogami jesteście?" (J 10:34)

film, wolicie wartką akcję od czegoś nudnego, czyż nie? W taki właśnie sposób powinniście się cieszyć tym światem. Patrzcie na życie jak na film, a wtedy dowiecie się, dlaczego Bóg go stworzył. Problem w tym, że nie pamiętamy, aby patrzeć na nie jak na Boskie przedstawienie.

Poprzez pisma święte Bóg nam objawił, że jesteśmy stworzeni na Jego podobieństwo. Skoro tak, to moglibyśmy patrzeć na ten światowy dramat jak na film, tak jak [czyni to] On – pod warunkiem, że zwrócimy się do owej wewnętrznej doskonałości duszy i osiągniemy jedność z Bogiem. Wtedy ten kosmiczny film, z jego okropieństwami chorób, ubóstwa i bomb atomowych, będzie się nam jawił tak tylko rzeczywistym, jak anomalie, których doświadczamy w kinie. Po obejrzeniu filmu wiemy, że nikt nie zginął, nikt nie cierpiał. W istocie, prawda ta to jedyne wytłumaczenie, jakie mam, patrząc na dramat życia. Jest ono niczym więcej, jak tylko elektrycznym pokazem cieni, grą światła i cieni. Wszystko jest wibracją świadomości Boga, zagęszczoną do postaci elektromagnetycznych obrazów. Istoty tych obrazów nie da się przeciąć mieczem, spalić, utopić ani też nie odczuwa ona żadnego bólu. Nie rodzi się ani nie umiera. Podlega tylko kilku przemianom[1]. Gdybyśmy potrafili patrzeć na ten świat tak, jak patrzą nań Bóg i święci, uwolnilibyśmy się od pozornej rzeczywistości tego snu...

PRZEBUDŹCIE SIĘ Z KOSMICZNEGO SNU

Tak jak gdy nie jesteś jeszcze całkiem obudzony i nadal jeszcze śnisz, ale wiesz, że śnisz, a jedocześnie jesteś poza snem – podobnie Bóg odczuwa ten wszechświat. Z jednej strony, nie śpi On, przebywając w ciągle nowej Szczęśliwości, a z drugiej – śni ten wszechświat. Tak właśnie powinieneś patrzeć na ten świat. Wtedy poznasz, dlaczego Bóg go stworzył, i nie będziesz przypisywać tych obrazów ze snu swojej duszy. Przechodząc koszmar, będziesz wiedział, że to tylko zły sen. Jeśli potrafisz żyć w świecie z tą świadomością, nie będziesz cierpiał. To właśnie da ci *krija-joga*. To sprawią dla ciebie

---

[1] „On się nie rodzi ani nie umiera, ani nie powstał, ani nie powstanie. Nienarodzony, odwieczny, niezmienny, stale ten sam (nietknięty przez zwykłe procesy związane z upływem czasu). Nie gubi się go, zabijając ciało [...] Nie przecinają go miecze ani go ogień nie pali, ani go woda nie moczy, ani go wiatry nie suszą. Nie daje się przeciąć, spalić, zamoczyć ani wysuszyć, odwieczny i wszechobecny, stały, bez ruchu, pradawny". (*God Talks With Arjuna: The Bhagavad Gita II:20, 23-24*)

Lekcje Self-Realization Fellowship, jeśli będziesz sumiennie ćwiczyć[1]. Powinieneś się koncentrować na zawartych w nich naukach, a nie na mojej osobie ani na żadnej innej osobie. I nie wystarczy samo czytanie tych nauk, trzeba je praktykować. Czytanie nie czyni cię mądrym, sprawia to urzeczywistnienie.

Dlatego nie czytam wiele. Utrzymuję swój umysł zawsze tutaj, w ośrodku Świadomości Chrystusowej (*kutastha*). Jakże inaczej wygląda świat w świetle Kosmicznej Inteligencji! Czasami widzę wszystko w postaci obrazów elektrycznych; ciało nie ma ciężaru ani masy. Czytanie o cudach nauki nie uczyni cię mędrcem, bo jest jeszcze o wiele więcej do poznania. Czytaj z księgi życia, która ukryta jest w tobie, we wszechwiedzy duszy, tuż poza ciemnością zamkniętych oczu. Odkryj bezkresne królestwo Rzeczywistości. Patrz na tę ziemię jak na sen, a wtedy zrozumiesz, że dobrze jest położyć się na łożu tej ziemi i śnić sen życia. Nie będziesz się przejmować, bo będziesz wiedział, że śnisz.

---

[1] *Krija-joga* to święta dyscyplina duchowa, oparta na podstawach naukowych, powstała tysiące lat temu w Indiach. W jej skład wchodzą określone techniki medytacyjne, których wierne praktykowanie prowadzi do poznania Boga. Nauczają ich *Lekcje Self-Realization Fellowship*.

Dlaczego Bóg dopuszcza zło i jak wznieść się ponad nie

Zachodni nauczyciele religii uczą o dobrobycie, szczęściu, zdrowiu i obietnicy wspaniałego życia po śmierci, ale nie o tym, jak doświadczać Boskiej Szczęśliwości i pozostawać nietkniętym przez cierpienie tu i teraz. W tę sferę znacznie głębiej sięgają nauki wielkich *riszich* indyjskich. Ludzie Zachodu oskarżają mistrzów o głoszenie negatywnej filozofii życia – to znaczy: nieważne czy cierpisz, czy też jesteś szczęśliwy; wyrzeknij się świata. Przeciwnie, mistrzowie indyjscy pytają: „Co zrobisz, stając wobec cierpienia i smutku? Czy będziesz bezradnie płakał, czy też praktykował te techniki, które dają spokój umysłu i transcendencję podczas gdy zajmujesz się leczeniem dolegliwości. Zalecają zdroworozsądkowe działanie lecznicze i jednoczesne opanowanie emocji, by kiedy zdrowie się pogorszy i ból powróci, nie poddawać się rozpaczy. Innymi słowy, podkreślają znaczenie osadzenia się w niezmąconym szczęściu duszy, którego nie nadszarpną kapryśne wiatry pięknych snów życia ani niszczące burze życiowych koszmarów. Ci, którzy z nawyku kurczowo trzymają się świadomości materialnej, nie chcą podjąć wysiłku koniecznego do osiągnięcia owego stanu nietykalności. Gdy przychodzi cierpienie,

nie wyciągają z niego nauki i dlatego powtarzają te same błędy...

Nie zwracaj zbytniej uwagi na przemijające sceny życia. Jesteś nieśmiertelną Jaźnią, tylko tymczasowo żyjącą we śnie, który czasami jest koszmarem. Taka jest wyższa filozofia indyjskich mistrzów.

WRAŻLIWOŚĆ EMOCJONALNA JEST PRZYCZYNĄ CIERPIENIA

Nie bądź zbytnio wrażliwy. Wrażliwość emocjonalna to cicha przyczyna wszelkiego cierpienia. Głupotą jest uważać świat za rzeczywistość i dawać mu moc poprzez nasze emocjonalne w nim zaangażowanie. To, że nie medytujesz, nie siedzisz w bezruchu i nie uświadamiasz sobie swojej prawdziwej natury duszy, lecz dryftujesz z prądem wiecznego ruchu stworzenia, jest stałym zagrożeniem dla twojego szczęścia. Być może, pewnego dnia twoje ciało będzie bardzo chore i choćbyś chciał chodzić lub robić inne rzeczy, które zwykle robiłeś, gdy byłeś młodszy i zdrowszy, to stwierdzisz, że już nie możesz ich robić; będzie to okropne rozczarowanie dla duszy. Zanim ten dzień nadejdzie, uczyń się na tyle wolnym, abyś mógł patrzeć na swoje ciało obojętnie, dbając o nie tak, jak gdyby należało do kogoś innego.

Pewna moja uczennica miała bardzo chore i obolałe kolano, w którym występował zanik kości. Nie wiem, ile razy operowano jej nogę i na nowo składano. Ona jednak mówiła o tym, jakby to było nic takiego: „To drobny zabieg" – mówiła niefrasobliwie. Tak właśnie należy podchodzić do życia. Pielęgnuj taki stan umysłu, dzięki któremu możesz wieść życie, korzystając z większej siły psychicznej.

Kiedy nie masz możliwości, aby długo i głęboko medytować, stale myśl, że pracujesz dla Boga. Gdy umysł znajdzie w Nim stałe oparcie, nie będziesz więcej cierpiał. Nawet najcięższa choroba nie zdoła cię wewnętrznie poruszyć. Niekiedy, gdy [to] ciało sprawia mi kłopot, spoglądam w siebie i wszystko znika w świetle Boga. Podobnie jak gdy oglądasz film, cieszą cię kontrastowe różnice między dobrymi i złymi czynami lub między radosnymi i smutnymi scenami, tak i ten świat będzie dla ciebie rozrywką. Powiesz: „Panie, wszystko, co czynisz, jest dobre". Ale dopóki świadomie nie zdasz sobie sprawy, że wszystko to jest tylko snem, nie pojmiesz, dlaczego Bóg stworzył ten świat.

Świat kosmicznej rozrywki

BĄDŹ JAK AKTYWNY-NIEAKTYWNY PAN

Myślę, że stwarzając świat, Bóg chciał się czymś zająć. Niech będzie to motywacją dla aspirantów duchowych. Wielu sądzi, że aby znaleźć Boga i wydostać się z tego snu, muszą porzucić swoje obowiązki i szukać odosobnienia w Himalajach lub w podobnych całkowicie ustronnych miejscach. Nie jest to jednak takie proste. Umysł nadal będzie popadał w swoje humory, będzie go trawił niepokój, a ciało będzie musiało być bardzo aktywne, żeby nie marznąć, zaspokajać głód i inne potrzeby. Łatwiej jest znaleźć Boga w dżungli cywilizacji, jeśli zachowa się równowagę między medytacją a konstruktywną i sumienną pracą. Bądź jak aktywny-nieaktywny Pan. W stworzeniu jest On radośnie zajęty; poza stworzeniem jest On radośnie spokojny, zatopiony w boskiej szczęśliwości. Jako że uczyniłem wysiłek, aby odnaleźć Boga w medytacji, cieszę się Jego szczęśliwością nawet podczas działania. W ten sposób działanie wcale nie wpływa na mnie niekorzystnie. Chociaż nawet zdarza mi się powiedzieć, że nie lubię tego czy owego w otaczających mnie dwoistościach, to jednak wewnątrz jestem spokojny i jak stal: „Spokojnie aktywny i aktywnie spokojny;

książę spokoju siedzący na tronie opanowania, władający królestwem działania".

Z pozoru wydaje się, że z doskonałości Bóg stworzył niedoskonałe istoty. Ale w rzeczywistości niedoskonałe istoty są doskonałe – są duszami uczynionymi na podobieństwo Boga. Jedynym, czego Bóg od ciebie chce, to abyś oddzielił swoje przyśnione niedoskonałości od twej doskonałej Jaźni. Gdy myślisz o swym życiu śmiertelnika i wszystkich kłopotach, i się z nimi utożsamiasz, jesteś niesprawiedliwy wobec obrazu Boga w tobie. Afirmuj i urzeczywistniaj: „Nie jestem śmiertelnikiem, jestem Duchem".

POPRZEZ ZŁO, I TAK SAMO DOBRO, BÓG ZACHĘCA NAS, ABYŚMY DO NIEGO WRÓCILI

Bóg stale stara się przyciągnąć Swoje dzieci z powrotem do ich przyrodzonej doskonałości. Dlatego widzimy, że nawet źli ludzie poszukują Boga, choć ich poszukiwania mogą się wyrażać inaczej. Czy potrafisz znaleźć złego człowieka, który chciałby czerpać przykrość ze swoich czynów? Nie. Taki człowiek myśli, że jego rozrywki dostarczą mu dobrej zabawy.

Świat kosmicznej rozrywki

Człowiek, który pije albo bierze narkotyki, myśli, że będzie miał z tego przyjemność. Wszędzie widzi się ludzi, dobrych i złych, poszukujących na własny sposób szczęścia. Nikt nie chce siebie skrzywdzić. Dlaczego więc ludzie czynią zło, które nieodzownie powoduje ból i smutek? Czyny takie rodzą się z największego ze wszystkich grzechów – z niewiedzy. „Złoczyńca" jest tu właściwszym słowem niż „grzesznik". Można potępiać czynienie zła, ale nie czyniącego je. Grzechy to błędy popełnione pod wpływem niewiedzy czyli ułudy. Gdyby nie różny stopień zrozumienia, moglibyście jechać na tym samym wózku. Jezus powiedział: „Kto z was jest bez grzechu, niech pierwszy rzuci [...] kamieniem"[1].

Rzecz w tym, że we wszystkim, co robimy, poszukujemy szczęścia. Nikt nie może tak naprawdę twierdzić, że jest materialistą, ponieważ ten, kto szuka szczęścia, szuka Boga. Dlatego też, w naszym poszukiwaniu szczęścia, zarówno poprzez zło, jak i dobro, Bóg nakłania nas do powrotu do Niego. Smutek wywołany złem w końcu zwróci zbłąkanego człowieka ku radościom cnoty. Jako że życie z natury rzeczy jest mieszaniną dobra i zła, pięknych

---
[1] Jan 8:7

snów i koszmarów, powinniśmy poszukiwać i pomagać w tworzeniu pięknych snów, i nie dawać się wciągać w straszliwe koszmary.

POZNAĆ BOGA TO PRAWDZIWA MĄDROŚĆ

W reakcji na życiowe trudności większość ludzi mówi albo: „Chwalmy Pana", albo upomina nas, abyśmy się Go bali. Niektórzy zaś Go obwiniają albo przeklinają. Uważam to za wielką głupotę. Jakiejże pochwały można udzielić Bogu? Nie wzrusza go pochwała ani pochlebstwo, ponieważ ma On wszystko. Ludzie modlą się głównie wtedy, gdy mają kłopoty; niektórzy wykrzykują: „Chwalmy Pana", mając nadzieję na jakieś Jego specjalne względy. Możesz przeklinać albo chwalić Pana. Nie zrobi Mu to żadnej różnicy. Ale zrobi to różnicę tobie. Chwal Go – a jeszcze lepiej, *kochaj* Go – to poczujesz się lepiej. Przeklinaj Go, a sprawisz sobie ból. Sprzeciwiając się Bogu, sprzeciwiasz się swojej własnej prawdziwej naturze, boskiemu obrazowi, na który Bóg cię stworzył. Sprzeciwiając się własnej naturze, automatycznie karzesz sam siebie.

Świat kosmicznej rozrywki

Od dzieciństwa byłem buntowniczo nastawiony do życia, ponieważ widziałem bardzo dużo niesprawiedliwości. Teraz jednak jedyny bunt, jaki w sobie czuję, to bunt przeciw temu, że ludzie nie znają Boga. Największym grzechem jest niewiedza – niewiedza o co w życiu chodzi. Największą zaś cnotą jest mądrość – poznanie znaczenia i celu życia oraz jego Stwórcy. Poznanie, że nie jesteśmy marnymi istotami ludzkimi, lecz stanowimy z Nim jedność, jest mądrością.

Co noc we śnie Bóg zabiera ci wszystkie troski, aby ci pokazać, że nie jesteś istotą śmiertelną; jesteś Duchem. Bóg chce, abyś pamiętał o tej prawdzie na jawie, po to by już cię więcej nie martwiły anomalie życia. Skoro możemy bardzo dobrze żyć w nocy w głębokim śnie, nie myśląc o tym świecie i naszych w nim kłopotach, to możemy równie dobrze żyć w Boskim świecie aktywności, nie wikłając się w ten sen [na jawie]. Chociaż w świadomości Boga unoszą się wszechświaty [utworzone] ze snu, On sam nigdy nie śpi i wie, że śni. Mówi On: „Nie wpadaj w panikę podczas tego snu na jawie. Licz na Mnie jako na Rzeczywistość skrytą poza owym snem". Kiedy cieszysz się zdrowiem i radością, uśmiechaj się we śnie. Kiedy przeżywasz koszmar choroby lub smutku, mów: „Jestem przebudzony w Bogu, jedynie oglądam przedstawienie mego życia". Wtedy poznasz, że Bóg stworzył ten świat jako rozrywkę dla Siebie. A ty, będąc uczyniony na Jego podobieństwo, tak samo jak On, masz nie tylko pełne prawo, lecz i zdolność do cieszenia się tym przedstawieniem wypełnionym różnymi snami...

Odrzuć ten fantazmat choroby i zdrowia, smutku i radości. Wznieś się ponad niego. Stań się Jaźnią. Oglądaj przedstawienie wszechświata, lecz w nie się nie angażuj. Wiele razy widziałem jak moje ciało odeszło z tego świata. Śmieję się ze śmierci. Jestem na nią gotów w każdej chwili. To nic takiego. Moje życie jest wieczne. Jestem oceanem świadomości. Czasami staję się małą falą [tego] ciała, ale nigdy nie jestem samą tylko falą, niezłączoną z Oceanem Boga.

Śmierć i ciemność nie mogą rzucić na nas strachu, bo jesteśmy samą Świadomością, z której ten wszechświat stworzony został przez Boga.

W Bhagawadgicie Pan mówi:

> *Kto zna mnie, niezrodzonego, pierwszego, wszechwładcę światów,*
>
> *Ten, niezwiedziony wśród ludzi, od wszelkich win się uwalnia. [...]*

Ja jestem źródłem wszystkiego, dzięki mnie wszystko się toczy.

Z tą myślą czczą mnie rozumni, miłością ku mnie przejęci.

O mnie myślący, swe życie mnie poświęciwszy, wzajemnie

Uczą się mnie, mówią o mnie, wciąż cieszą się i radują! [...]

By im swą łaskę okazać, ja, w sercach ich mieszkający,

Rozpraszam ciemność niewiedzy jaskrawą lampą poznania!

Bhagawadgita X:3, 8-9,11.[1]

---

[1] Przekład Anny Rucińskiej

Część IV

ODKRYWANIE BEZWARUNKOWEJ MIŁOŚCI BOŻEJ ZA TAJEMNICZĄ ZASŁONĄ STWORZENIA[1]

Żaden człowiek, żaden prorok nie zdoła kiedykolwiek wymazać wszystkich nierówności i podziałów na tej ziemi. Ale kiedy znajdziesz się w Boskiej świadomości, różnice te znikną i powiesz:

Słodkie życie jest, a śmierć tylko snem -
Gdy Twoja pieśń przeze mnie płynie.
Słodka radość jest, smutek tylko snem -
Gdy Twoja pieśń przeze mnie płynie.
Słodka pochwała jest, wina tylko snem –
Gdy Twoja pieśń przeze mnie płynie.
Słodkie zdrowie jest, choroba tylko snem –
Gdy Twoja pieśń przeze mnie płynie.

---

[1] Wybór z wykładów Paramahansy Joganandy

Słodka pochwała jest, wina tylko snem –
Gdy Twoja pieśń przeze mnie płynie.[1]

To jest najwyższa filozofia. Nie bój się niczego. Nawet rzucany na falach podczas burzy, nadal pozostajesz na łonie oceanu. Zawsze utrzymuj świadomość wszechobecności Boga. Zachowuj spokój umysłu i powtarzaj: „Jestem nieustraszony; jestem stworzony z substancji Boga. Jestem iskrą Ognia Ducha. Jestem atomem Kosmicznego Płomienia. Jestem komórką w ogromnym kosmicznym ciele Ojca. «Ja i Ojciec jedno jesteśmy»".

Szukaj Boga całą siłą swojej duszy... Dymna zasłona ułudy odgradza nas od Niego i przykro Mu, że straciliśmy Go z oczu. Nie jest On szczęśliwy, gdy widzi, jak bardzo cierpią Jego dzieci – umierając pod spadającymi bombami, od strasznych chorób i z powodu złych nawyków życiowych. Boleje On nad tym, bo nas kocha i chce, abyśmy do Niego wrócili.

---

[1] Strofy te pochodzą z *Cosmic Chants* (Pieśni kosmiczne) Paramahansy Joganandy, opublikowanych przez Self-Realization Fellowship. Przełożył Andre Hosza.

Odkrywanie bezwarunkowej miłości...

Gdybyś tylko postarał się medytować wieczorami i z Nim być! On tak bardzo cię ceni! Nie opuścił cię. To ty porzuciłeś siebie... Bóg nigdy nie pozostaje wobec ciebie obojętny...

Jedynym celem stworzenia jest skłonić cię do rozwiązania jego tajemnicy i postrzegania Boga we wszystkim. Chce On, abyś zapomniał o wszystkim poza Nim i Jego tylko szukał. Z chwilą odnalezienia schronienia w Panu znika świadomość realności życia i śmierci. Będziesz wtedy patrzył na wszystkie dwoistości jak na senne majaki, pojawiające się i znikające w wiecznym bycie Boga. Nie zapomnij tej nauki, którą przekazuje On tobie moim głosem. Nie zapomnij! Mówi On:

„Jestem równie bezradny jak ty, bo Ja, jako twoja dusza, związany jestem z tobą poprzez ciało. Dopóki nie urzeczywistnisz siebie, jestem w klatce wraz z tobą. Nie zwlekaj dłużej, pełzając w bagnie cierpienia i niewiedzy. Chodź, wykąp się w Moim świetle!"

Pan chce, abyśmy wyrwali się z tego złudnego świata. Płacze On nad nami, bo wie, jak trudno jest nam uzyskać [Jego] zbawienie. Lecz ty musisz jedynie pamiętać, że jesteś Jego dzieckiem. Nie lituj się nad sobą. Bóg kocha cię tak samo mocno jak Jezusa i Krysznę. Musisz szukać Jego miłości, bo w niej zawarta jest wieczna wolność, nieskończona radość i nieśmiertelność.

Tuż pod cieniami tego życia jaśnieje cudowne Światło Boga. Wszechświat jest ogromną świątynią Jego obecności. Kiedy medytujesz, wszędzie znajdziesz drzwi wiodące do Niego. Kiedy z Nim obcujesz, żadne nieszczęścia tego świata nie odbiorą ci owej Radości i Spokoju.

O AUTORZE

Paramahansa Jogananda (1893-1952) powszechnie uważany jest za jedną z najwybitniejszych duchowych postaci naszych czasów. Urodzony w północnych Indiach, przybył do Stanów Zjednoczonych w 1920 roku, gdzie przez ponad trzydzieści lat propagował pochodzące z Indii starożytne nauki medytacji i sztukę zrównoważonego życia duchowego. Poprzez wysoko cenioną historię własnego życia, opisaną w *Autobiografii jogina*, i wiele innych książek, zapoznał miliony czytelników z ponadczasowymi prawdami, na których opierają się religijne tradycje Wschodu i Zachodu. Pod przewodnictwem jednej z jego najbliższych uczennic, Śri Mrinalini Maty, jego duchowe i humanitarne dzieło kontynuowane jest przez *Self-Realization Fellowship*[1], międzynarodowe stowarzyszenie, które założył w 1920 roku w celu szerzenia przekazywanych przez siebie nauk na całym świecie.

---

[1] Dosłownie tłumacząc, "Stowarzyszenie Samorealizacji". Paramahansa Jogananda wyjaśnił, że nazwa Self-Realization Fellowship oznacza "wspólnotę z Bogiem poprzez samourzeczywistnienie i przyjaźń ze wszystkimi poszukującymi prawdy duszami".

KSIĄŻKI PARAMAHANSY JOGANANDY W JĘZYKU POLSKIM

Do nabycia w księgarniach lub bezpośrednio od wydawcy
Self-Realization Fellowship
www.yogananda-srf.org

Autobiografia jogina

KSIĄŻKI PARAMAHANSY JOGANANDY W JĘZYKU ANGIELSKIM

Do nabycia w księgarniach lub bezpośrednio od wydawcy
Self-Realization Fellowship
3880 San Rafael Avenue
Los Angeles, California 90065-3219
Tel (323) 225-2471 • Fax (323) 225-5088
www.yogananda-srf.org

Autobiography of a Yogi

The Second Coming of Christ:
The Resurrection of the Christ Within You
Odkrywczy komentarz do pierwotnych nauk Jezusa.

God Talks with Arjuna; The Bhagavad Gita
Nowy przekład wraz z komentarzem.

Man's Eternal Quest
Wybór odczytów i pogadanek Paramahansy Joganandy. Tom I

The Divine Romance
Wybór odczytów, pogadanek i esejów Paramahansy Joganandy. Tom II

Journey to Self-realization
Wybór odczytów i pogadanek Paramahansy Joganandy. Tom III

Wine of the Mystic:
The Rubaiyat of Omar Khayyam — A Spiritual Interpretation
Natchniony komentarz, który wydobywa na jaw mistyczną naukę komunii z Bogiem, skrytą w zagadkowych obrazach poetyckich *Rubajatów*.

Where There Is Light:
Insight and Inspiration for Meeting Life's Challenges

Whispers from Eternity
Zbiór modlitw i opisy przeżyć duchowych, jakich Paramahansa Jogananda doznał w głębokiej medytacji.

The Science of Religion

The Yoga of the Bhagavad Gita:
An Introduction to India's Universal Science of God-Realization

The Yoga of Jesus:
Understanding the Hidden Teachings of the Gospels

In the Sanctuary of the Soul:
A Guide to Effective Prayer

Inner Peace:
How to Be Calmly Active and Actively Calm

To Be Victorious in Life

Why God Permits Evil and How to Rise Above It

Living Fearlessly:
Bringing Out Your Inner Soul Strength

How You Can Talk With God

Metaphysical Meditations
Zbiór ponad trzystu medytacji, modlitw i afirmacji.

Scientific Healing Affirmations
Paramahansa Jogananda gruntownie wyjaśnia naukę afirmacji.

Sayings of Paramahansa Yogananda
Zbiór powiedzeń i mądrych wskazówek Paramahansy Joganandy. Są to odpowiedzi, jakich szczerze i z miłością udzielił tym, którzy przyszli do niego po radę.

Songs of the Soul
Mistyczne poezje Paramahansy Joganandy.

The Law of Success
Wyjaśnia dynamiczne zasady rządzące osiąganiem celów w życiu.

Cosmic Chants
Śpiewnik zawierający słowa i nuty 60 pieśni religijnych, ze wstępem, w którym Autor wyjaśnia, jak śpiew duchowy może doprowadzić do komunii z Bogiem.

NAGRANIA AUDIO PARAMAHANSY JOGANANDY

Beholding the One in All

The Great Light of God

Songs of My Heart

To Make Heaven on Earth

Removing All Sorrow and Suffering

Follow the Path of Christ, Krishna, and the Masters

Awake in the Cosmic Dream

Be a Smile Millionaire

One Life Versus Reincarnation

In the Glory of the Spirit

Self-Realization: The Inner and the Outer Path

POZOSTAŁE PUBLIKACJE SELF-REALIZATION FELLOWSHIP

Kompletny katalog opisujący wszystkie Self-Realization Fellowship publikacje oraz nagrania audio /video jest dostępny na żądanie.

The Holy Science – autor Swami Śri Jukteświar

Only Love: Living the Spiritual Life in a Changing World – autor Śri Daja Mata

Finding the Joy Within You: Personal Counsel for God-Centered Living - autor Śri Daja Mata

God Alone: The Life and Letters of a Saint - autor Śri Gjanamata

"Mejda": The Family and the Early Life of Paramahansa Yogananda - autor Sananda Lal Ghosh

Self-Realization
(kwartalnik założony przez Paramahansę Joganandę w 1925 r.)

LEKCJE SELF-REALIZATION FELLOWSHIP

Naukowe techniki medytacji rozpowszechniane przez Paramahansę Joganandę, łącznie z *krija-jogą* – jak również jego przewodnik na temat wszystkich aspektów zrównoważonego życia duchowego – zawarte zostały w *Lekcjach Self-Realization Fellowship*. Więcej informacji można uzyskać zwracając się z prośbą o przesłanie darmowej broszury "Undreamed-of Possibilities" dostępnej w języku angielskim, hiszpańskim i niemieckim.

www.ingramcontent.com/pod-product-compliance
Lightning Source LLC
Chambersburg PA
CBHW031427040426
42444CB00006B/718